Annette Schavan

geistesgegenwärtig sein

Annette Schavan

geistesgegenwärtig sein

Anspruch des Christentums

Patmos Verlag

VERLAGSGRUPPE PATMOS

PATMOS
ESCHBACH
GRÜNEWALD
THORBECKE
SCHWABEN
VER SACRUM

Die Verlagsgruppe
mit Sinn für das Leben

Für die Verlagsgruppe Patmos ist Nachhaltigkeit ein wichtiger Maßstab ihres Handelns. Wir achten daher auf den Einsatz umweltschonender Ressourcen und Materialien.

2. Auflage 2021
Alle Rechte vorbehalten
© 2021 Patmos Verlag
Verlagsgruppe Patmos in der Schwabenverlag AG, Ostfildern
www.patmos.de

Umschlaggestaltung: Finken & Bumiller
Umschlagfoto: Laurence Chaperon
Satz: Schwabenverlag AG, Ostfildern
Druck: GGP Media GmbH, Pößneck
Hergestellt in Deutschland
ISBN 978-3-8436-1304-0

Inhalt

Die Zeit eilt Gott und seiner Ewigkeit entgegen,
nicht der Vergangenheit und dem Untergang.

Karl Rahner

Vorwort

Vom Christentum ist in Europa am ehesten dann die Rede, wenn das Ende der Volkskirche konstatiert wird. Deprimierende Szenarien über Glaubensschwund und Niedergang werden entworfen. Es wirkt, als gehe eine lange und ehemals wichtige Geschichte ihrem Ende zu. Wer nicht vom Ende redet, prognostiziert zumindest einen umfassenden Verlust an Relevanz.

In der Tat sind viele Nachrichten aus den Kirchen besorgniserregend, ärgerlich und manchmal skandalös. Grund zur Sorge bereitet zudem die Angst vor der Zukunft in kirchlichen Kreisen und die Fixierung auf die Tradition.

Gegenwart und Zukunft verheißen nichts Gutes. Das Vertrauen in die Zukunft des Christentums scheint in den Kirchen selbst manchmal weniger ausgeprägt zu sein als außerhalb. Aber resigniert können eigentlich nur jene sein, die finden, dass im Christentum alles gesagt und entdeckt ist, dass es nichts Neues geben wird und geben kann. Das ist der sicherste Weg in den Niedergang der Tradition. Wer immer zurückblickt, verliert die Bodenhaftung in der Gegenwart und die Freude an der Zukunft.

Statt Resignation braucht es im Christentum und in den Kirchen Europas heute Geistesgegenwart. Dazu gehört ein Gespür für das, was noch unentdeckt im Christentum steckt oder wiederentdeckt werden kann. Es bedarf der Sorge um die Suchenden und auch einer Neugier auf die Zeichen von Gottes Gegenwart in der Zukunft.

Darum geht es auf den nachfolgenden Seiten: geistesgegenwärtig zu sein als Anspruch des Christentums, neue Perspektiven zu entdecken und dem Christentum eine große Zukunft zuzutrauen – in aller Bescheidenheit und mit einer neuen Liebe zu den Peripherien der Welt und des Glaubens.

Die ungewöhnlichen Erfahrungen, die Menschen derzeit machen, weil ein Virus die Welt in Atem hält und ihr Leben davon – wie auch immer – betroffen ist, sind ein Weckruf, den die Christenheit nicht überhören darf.

Die Zeit der Pandemie deckt vieles auf, das sich nun nicht mehr leugnen lässt. Sie provoziert Veränderungen schneller, als wir dachten. Es ist ebenso vorstellbar, dass im Christentum in Europa eine neue Bescheidenheit zu neuen Perspektiven führen wird. Davon bin ich überzeugt, und deshalb habe ich diesen Text gerade jetzt geschrieben.

Ich danke Burkhard Menke für die Ermutigung, diese Gedanken zu schreiben, und für sein Lektorat sehr.

Ulm, im November 2020
Annette Schavan

Zeitenwende und neue Prioritäten

oder: Ein Virus öffnet der Welt die Augen

Es ist eine Zeitenwende, die wir seit einem Jahr erleben. Sie rückt die globale Welt in den Blick. Alle sind betroffen und aufeinander verwiesen.

Keine Region der Welt ist außen vor. Es ist, als sei die erste und zugleich unangenehme Botschaft, dass es vor Covid-19 keinen Weg der Abschottung gibt. Das Virus kennt keine Grenzen. Manche haben versucht, es zu leugnen oder kleinzureden. Geholfen hat es ihnen nicht. Das Leben mit dem Virus ist anders als die Lebensart, die uns vertraut ist. Distanz schützt und Nähe braucht andere Zeichen als die, die wir bislang pflegten. Das gilt jedenfalls für die Zeit, in der weder ein Impfstoff noch Medikamente gegen die Viruserkrankung zur Verfügung stehen. Das kann länger dauern, als anfangs gedacht.

Wobei die Experten von Beginn an wussten, dass Impfstoffe und Medikamente zu entwickeln keine Angelegenheit von Wochen oder Monaten ist, sondern dass dazu bislang immer Jahre gebraucht wurden. Das Leben mit dem Coronavirus wird aber auch mit Impfung und Medikamenten anders sein als vorher.

Wir machen Erfahrungen, die sich einprägen und zu neuem Denken und zu neuen Fragen führen können. Wie wird es in Zukunft sein, wenn wir in vergleichbare globale Situationen kommen? Die Vorstellung, dass einmalig sei, was wir jetzt erleben, ist eher abwegig. Es ist wahrscheinlich, dass die Konsequenzen globaler Pandemien und globaler Entwicklungen in Zukunft generell gravierender sein werden, als wir es uns heute vorstellen können.

Das Jahr des Ausbruchs der Pandemie ist aber auch ein *Kairos* – das will heißen: Es ist eine günstige Zeit, um die Tragfähigkeit all dessen zu prüfen, bei dem wir überzeugt sind, dass es nur so geht, wie wir es bisher und schon immer gemacht haben. Solche Prüfungen haben es in sich. Sie sind mit Verlusterfahrungen verbunden. Sie kosten berufliche Existenzen. Sie zerstören Gewohnheiten und auch Vertrauen. Sie berühren unser Selbstbewusstsein, weil wir dachten – zumal im Vergleich zu früheren Zeiten –, ziemlich viel ziemlich gut im Griff zu haben. Eine Zeitenwende kann in Erinnerung bringen, was auf den bisherigen Prioritätenlisten auf eher hinteren Plätzen stand. Sie führt uns Grenzen vor Augen und deckt Ungereimtheiten auf. Zugleich provoziert sie Verschwörungsmythen und weckt Aggressionen.

Niemand weiß schon genug über das Virus. Nie war die Wissenschaft so präsent in Funk und Fernsehen, in Podcasts und auf allen verfügbaren Kanälen. Ihre Rolle in der Öffentlichkeit ist gestärkt. In politischen Debatten wird vom Primat der Wissenschaft gesprochen. Doch Wissenschaft ersetzt keine politischen Entscheidungen. Sie berät; sie hilft, Abwägungen zu treffen; sie liefert von Monat zu Monat neue Erkenntnisse und ringt auch innerhalb der wissenschaftlichen Community um die richtigen Schlussfolgerungen. Die Beziehung der Politik zur Wissenschaft war selten so eng wie seit dem

Beginn der Pandemie. So häufig von Fake News geredet wird, so sehr ist der Respekt vor den Fakten gewachsen. Die Öffentlichkeit erhält Einblick in das Ringen der Wissenschaft und in den Umgang mit Wissen. Sie kann – gleichsam auf offener Bühne – nachvollziehen, wie Politik und Wissenschaft Suchende sind.

Politik sucht nach Wegen der Förderung des Gemeinwohls und – in der Zeit der Pandemie – konkret nach Wegen, mit denen Gefahren für Menschen und für das Gemeinwesen abgewendet werden können. Wissenschaft sucht nach Erkenntnis und nach problemlösenden Durchbrüchen. Beide sind begründungspflichtig im Hinblick auf Fakten und entgegengesetzte Ansichten. Der wissenschaftliche Diskurs wie die politische Debatte sind Marktplätze der Ideen.

Wie in diesen Monaten der Pandemie in Deutschland mit Wissen umgegangen wurde, wie sich der Zuwachs an Wissen entwickelt hat, wie neues Wissen in Empfehlungen der Wissenschaft verarbeitet wurde – das ist beeindruckend. Es könnte ein Modell werden, das auch auf andere Themen übertragen wird. Aus der Erfahrung tiefer Verunsicherung und vielfacher Bedrohung werden sich die politische Kultur und die Beziehung zwischen Wissenschaft und Öffentlichkeit verändern.

Ein erster Schritt dazu ist die Einsicht (und deren Akzeptanz), dass Zeiten wie diese *Kairos* sind, dass mit ihnen eine Zeitenwende einhergeht und dass sie Zeiten der Erneuerung sind. Es gibt ein chinesisches Schriftzeichen, das gleichermaßen für Krise und Chance steht. Wer mitten in der Krise steckt, kann den Hinweis auf die Chance als zynisch empfinden. Wer zu ahnen beginnt, wie viel Erneuerung notwendig ist, um eine Chance zu ergreifen, kann sich davor auch fürchten. Deshalb ist eine politische Kultur wichtig, die nicht erst im Parlament beginnt, die Erneuerungsmilieus in der Gesellschaft wahrnimmt und auch bewusst ermöglicht. Diese Milieus gewinnen an Bedeutung. Sie dürfen nicht von institutionellen Gewohnheiten gebremst werden. Chancen ergeben sich aus Krisen erst dann, wenn klar wird, dass es kein Zurück in die Zeit vor der Krise geben kann, dass eine Zeitenwende vielmehr zu neuen Prioritäten führen muss und wird.

Spätestens seit dem ersten Bericht des Club of Rome im Jahr 1972 wissen wir, dass unser Lebensmodell in Frage steht. Niemand hat es danach so deutlich ausgesprochen wie Papst Franziskus. Seine Enzyklika »Laudato si'« ist ein neues Kapitel in der Geschichte der katholischen Soziallehre. Im Mittelpunkt steht die Feststellung, dass ein Verständnis von Fortschritt, Wohlstand und Wachstum, das gleichgültig gegenüber den zur Verfügung stehenden Ressourcen ist, zu großen Ungerechtigkeiten und schließlich in den Kollaps führt. Deshalb wächst »die Sorge für das gemeinsame Haus« Erde.

Auf den Punkt gebracht:
Wenn alle in dieser Welt so leben würden wie wir, dann bräuchte es drei Erdkugeln. Es gibt aber nur die eine, auf der wir alle leben. Deshalb brauchen wir neue Prioritäten, die uns helfen, nicht ständig über unsere Verhältnisse und auf Kosten anderer zu leben.

Solidarität in Zeiten der Ungewissheit

oder: Freude und Hoffnung, Trauer und Angst teilen

»Das hat es ja nicht mal im Krieg gegeben.« – So hat eine Italienerin in den ersten Tagen der Ausgangssperre in ihrem Land angesichts geschlossener Kirchen gesagt. Sie blieben auch an Ostern 2020 zu. Der Papst wirkte verlassen in der großen Basilika St. Peter, und niemand kann sich daran erinnern, dass der Petersplatz am Ostermorgen jemals zuvor menschenleer gewesen ist. Bis heute ist dieser Platz mit den ihn umgreifenden Kolonnaden ein Bild einer sich versammelnden Welt. Eindrückliche Bilder, die Milliarden Menschen weltweit gesehen haben, zeigen Papst Franziskus dort am 27. März 2020 beim Gebet vor einem Kreuz, das eigens aus der Kirche San Marcello al Corso auf den Petersplatz gebracht worden war. Dieses Kreuz war in Rom zu Zeiten der Pest 1522 bei Prozessionen durch die Stadt getragen worden. Der Papst hatte einige Tage vorher die Kirche aufgesucht, um vor dem Kreuz zu beten. Er ging über den ebenfalls menschenleeren Corso, der in anderen Zeiten zu den belebtesten Straßen Roms gehört. Auch diese Bilder gingen um den Erdkreis.

Der Papst spendete jenen Segen Urbi et orbi – der Stadt (Rom) und dem Erdkreis, – zu dem sich in meiner Jugend katholische Familien an Ostern und Weihnachten vor dem Fernseher versammelten. Als Kinder knieten wir sogar manchmal beim Segen. Diesmal wirkten die Bilder und der Segen weit über die katholische Welt hinaus als eine starke Botschaft des Papstes an die Menschheit – und als eine Ermutigung, der Zeitenwende Raum zu geben. Da waren nicht Katholiken unter sich; vielmehr wurde deutlich, dass die Christenheit, die in allen Teilen der Welt präsent ist, der Menschheit in dieser zerbrechlichen Welt den leidenden Christus am Kreuz zeigt. Es ist eine Botschaft der Solidarität im Leiden. Das Leiden verbindet über soziale, nationale, kulturelle und religiöse Grenzen hinweg. Das Kreuz, an dem ein geschundener Leib zu sehen ist, zeigt Tragik und Schmerz, bleibt anstößig und strahlt doch auch eine Festigkeit aus. Wo es zu sehen ist, beansprucht es die Auseinandersetzung. Es lässt Menschen nicht gleichgültig. Das Kreuz drückt ein skandalöses Geschehen aus, das durch nichts gemindert werden kann. Es steht ebenso – und vor allem – für die Solidarität Gottes mit dem Menschen, die mit seiner eigenen Menschwerdung reale Gestalt angenommen hat. Der Tod und die Auferstehung Christi stehen im Zentrum des Glaubens der Christenheit.

So also brachte Papst Franziskus an diesem 27. März 2020 christliche Verbundenheit mit einer weithin verunsicherten Welt zum Ausdruck. Das war in den ersten Wochen der Pandemie, als die Erfahrung mit einem global sich ausbreitenden gefährlichen Geschehen noch ziemlich neu und die Verunsicherung entsprechend groß war. Es war eine Situation, die Walter Kardinal Kasper wenig später so beschrieb: »Die Kontingenz hat uns eingeholt.«[1]

Am stärksten beschäftigt Menschen in kontingenten Lebenslagen die Ungewissheit. So unterschiedlich ihre Erfahrungen und Lebensumstände ansonsten sind, so verbindet sie jetzt, weniger zu wissen, als ihnen lieb ist, und also auch keinen Plan haben zu können, der mit Gewissheit die Gefährdung beenden würde. Das strengt vor allem jene Gesellschaften an, die einmal gewiss waren, sehr erfolgreiche Strategien der Minimierung von Risiken zu kennen. Dazu gehören auch Länder mit funktionierender staatlicher Infrastruktur, materiellem Wohlstand und einer demokratischen politischen Kultur. Diese Trias hat sich bei aller Ungewissheit im letzten Jahr als durchaus hilfreich erwiesen. Das Vertrauen in die handelnden Personen und Organisationen ist gewachsen. Gewachsene Aggressionen gibt es freilich auch, wie sich bei einer verhältnismäßig kleinen Zahl der Bürgerinnen und Bürger zeigt.

Ungewissheit hat viele Gesichter. Sie ist ein starker Angriff auf die Resilienz von Gemeinwesen wie auf jene von Menschen. Situationen der Ungewissheit lassen den Wunsch nach Verbundenheit mit anderen, die sich in ähnlicher Lage befinden, wachsen. Sie machen empfänglich für Zeichen und Bilder der Solidarität. Sie lehren eine Sprache, die nicht schon alles zu erklären beansprucht. Ungewissheit verträgt keine vorschnellen Beruhigungsversuche, bei denen durchschaubar ist, dass wenig dahintersteckt. Es gewinnen jene an Autorität, die die Brisanz der Lage ausdrücken können und sich als ehrliche und kompetente Suchende erweisen. Dafür gibt es in Wissenschaft und Politik gute Beispiele (und ebenso für das Gegenteil). Der Umgang mit Ungewissheit und ganz besonders die Bereitschaft, sie im öffentlichen Leben zuzulassen, hat – auch dafür gibt es zahlreiche Beispiele – Konsequenzen für die Qualität von Lösungen in Krisen und dafür, ob Chancen erkannt und ergriffen werden können. Das gilt für die Christenheit und die Kirchen gleichermaßen. Sie sollten zu erkennen geben, dass sie Suchende sind – und das mit Kompetenz. Sie könnten aufhören, Ungewissheit mit nur noch vordergründig wirkender Tradition beantworten zu wollen. Sie haben gerade jetzt die große Chance,

Menschen in den elementaren Lebenseinstellungen von Glauben und Unglauben zu begleiten, wie Tomáš Halík betont.[2]

Papst Franziskus hat an jenem regnerischen Tag im März 2020 einen beeindruckenden Ausdruck für die Solidarität mit dem Leiden und mit der Ungewissheit weltweit gefunden. Dieser Abend mit seinem Schweigen, mit der Stille auf dem Platz und der Eindringlichkeit des Kreuzes hatte eine stark geistesgegenwärtige Atmosphäre. Der uns allen so bekannte Petersplatz wurde zu einem anderen und auch neuen Raum der Solidarität. Eine steinerne Umarmung der Welt sind die Kolonnaden oft genannt worden; das war jetzt ganz präsent und lebendig.

AUF DEN PUNKT GEBRACHT:
In dieser Zeit, in der Menschen die Ungewissheit zu schaffen macht, werden keine Besserwisser gebraucht. Es ist die Stunde derer, die solidarisch die Ungewissheit mit der Welt aushalten und darin Festigkeit zeigen. Das schafft eine neue Ausgangssituation für die Christenheit, um ihre Zerrissenheit und oftmals auch Gedanken-

losigkeit im Umgang mit den Erfahrungen von Menschen zu überwinden.

Der Anspruch des Christentums ist nicht weniger als: geistesgegenwärtig zu sein. Das muss auch die Logik der Institution Kirche prägen und ihren Umgang mit Vielfalt.

Vielfalt von Anfang an

oder: Wer prägt wen?

Die Christenheit kann sich über einen Mangel an Vielfalt nicht beklagen. Das ist von Anfang an so gewesen. In vier Evangelien wird überliefert, was sich ereignet und zu einer neuen Bewegung geführt hat. Es sind Texte aus verschiedenen Perspektiven, mit je eigenen Schwerpunkten und einer ebenso eigenwilligen Auswahl dessen, worüber berichtet wird. Alle sind sie erst Jahrzehnte nach Jesu Leben, Tod und Auferstehung verfasst worden. Die Evangelien geben wieder, was in Erinnerung geblieben ist, was also auf die Autoren besonders gewirkt hat und von ihnen als Fundament für eine neue Tradition von Leben und Glauben gewertet wurde. All das geht zurück auf mündliche Überlieferungen und letztlich auf Bewertungen derer, die Jesus persönlich erlebt und begleitet haben.

Die Apostelgeschichte gibt einen Einblick in die Verkündigung durch Menschen, die von Jesus überzeugt waren. Thomas Söding beschreibt, »wie sich das Evangelium verbreitet hat: auf leisen Sohlen, ohne Gewalt, von Mund zu Mund, auf steinigen Wegen, unter einem weiten Himmel«.[3] Wir lesen von Aufbrüchen – und von der Erfahrung, dass mit dem, was von diesem Jesus von Nazaret erinnerlich ist, eine Menge Religionskritik verbunden wird. Gott will nicht, dass die Menschen von Göttern abhängig sind. Er lässt sich auf eine bis dahin nicht vorstellbare Weise auf den Menschen und auf menschliches Leben ein.

Menschen, die das erleben, durchleben zugleich Höhen und Tiefen; sie müssen ansehen, wie der Prophet im eigenen Land auf Ablehnung stößt und die Aufklärung, die von ihm ausgeht, als Gefahr für die bestehende Ordnung betrachtet wird. Das Volk jubelt; das Establishment schäumt. Es werden ein Leidensweg und eine Hinrichtung Jesu choreografiert, die es in sich haben und abschreckend wirken sollen. Die Hoffnungen derer, die mit ihm durch das Land gezogen sind, zerbrechen. Dann berichten die Frauen vom leeren Grab. Es sind Frauen, die das den Männern erzählen. Das bleibt in Erinnerung und wird später aufgeschrieben. Es hat am Anfang eine Rolle gespielt, die heute vernachlässigt wird. Es waren die Frauen, die den Männern halfen, wieder Mut zu fassen. Von Weiheämtern war damals keine Rede, weder bei den Männern noch bei den Frauen. Vieles von dem, worüber heute gestritten wird, beginnt viel später.

Am Anfang steht ein starker Eindruck von diesem Jesus von Nazaret, der das Leben und Denken der ersten Christen, ihr Selbstwertgefühl und ihren Blick in die Zukunft verändert hat. Sie reden darüber auf vielfältige Art; die Gemeinden bilden sich als Nukleus für die neue Perspektive. Das geschieht nie ohne Probleme, es sind keine Harmoniegeschichten; sie streiten darüber, wie es wirklich war. Das Buch der Offenbarung, das als Abschluss in das Neue Testament aufgenommen wird, enthält Briefe an sieben junge Gemeinden. Johannes will ihnen helfen, ihr Verhältnis zur Welt zu klären, keine Symbiose von Religion und Politik zuzulassen und die Kraft zu entwickeln, die Welt zu gestalten. Die Texte sind zeitlos und eignen sich gut zur Reflexion einer Lebensfrage in der 2000-jährigen Geschichte des Christentums: des Verhältnisses der Christen zur Welt. »In der Welt, aber nicht von der Welt« lautet die klassische Formel, die dem Johannesevangelium entlehnt ist.

Noch kürzer gesprochen, geht es darum: Wer prägt wen? Diese Frage war immer wieder ein Motiv für neue Wege, die Christen gegangen sind, wenn sie den Eindruck gewonnen hatten, dass die natürliche Spannung nachließ und die Wirksamkeit der christlichen Botschaft hinter ihren Möglichkeiten blieb. Sie ist ein Auslöser für Berufungsgeschichten und für die Gründung von Orden und geistlichen Bewegungen. Die Patroninnen und Patrone Europas – Benedikt von Nursia, Kyrill und Method, Caterina von Siena, Birgitta von Schweden, Edith Stein – stehen dafür ebenso wie Martin von Tours, Franz und Klara von Assisi oder Teresa von Ávila. So unterschiedlich ihre Lebensgeschichten und ihr Wirken sind: Sie haben diese Spannung gespürt und daraus Veränderungen abgeleitet, die kulturell und spirituell bis heute prägend waren. Wer prägt wen? Das ist eine überaus taugliche Frage auch heute. Sie führt jedenfalls zu mehr Kreativität als die ständig kursierende Frage: Wie viele Mitglieder haben die Kirchen in zehn, 20 oder gar 30 Jahren?

Zur Perspektive des Christentums gehörte also von Anfang an und immer wieder die Vielfalt. Papst Franziskus hat es so gesagt: »Die Kirche hat am Pfingsttag begonnen. An diesem Tag hat sie sich für kulturelle Vielfalt entschieden.«[4] Dieser Satz steht – wie mancher Satz des Papstes – recht unbemerkt im Raum. Er gibt einen Hinweis auf die Fähigkeit der Weltkirche zur Inkulturation. Sie ist nicht nur das, was wir kennen. Zu ihr gehören vielfältige Sprachen, Einflüsse und Zeiten mit ihren je eigenen Prioritäten. Sie hat aus der Begegnung mit Kulturen in allen Regionen der Welt immer wieder gelernt. Erzbischof Paul Richard Gallagher, der Außenminister des Heiligen Stuhls, hat am Beispiel der Beziehungen zu China gesagt: »Wir bleiben ganz katholisch und adäquat chinesisch.«[5] Das ist eine Grundhaltung, die sich gut auch auf andere Dialoge übertragen lässt. Die Präsenz der Kirche und des Christentums ist in dem Maße möglich, wie es ihr gelingt, den Menschen von heute und in Zukunft die Pfingsterfahrung zu verkörpern und zu vermitteln.

Vielfalt ist keine Gefahr; sie gehört zur DNA der Kirche. Sie hilft auch, das bislang unentdeckte Potenzial der Weltkirche zu entdecken. Ja, mehr noch: Die Weltkirche kann in der globalen Welt zum Modell dafür werden, wie der Respekt vor kultureller Vielfalt gelebt werden kann. Es gibt jenseits der Weltkirche als Zeugin des Christentums keine Kraft oder Institution, die seit so langer Zeit global wirkt. Darin liegt gerade jetzt – in dieser Zeitenwende – eine große Chance, weil zwar viele Reden über Solidarität gehalten werden, die Neigung zu einem neuen Nationalismus aber weltweit auch wie ein Virus wirkt.

AUF DEN PUNKT GEBRACHT:
Die Zeitenwende führt dazu, dass bislang erreichte Solidarität zerbricht – trotz aller gegenteiliger Beteuerungen. Das gilt für Kirche und Welt gleichermaßen. Heute muss die Pfingst-

erfahrung neu in die Weltkirche hinein über-
setzt werden. Das ist ein dringender Impuls
nach innen, und es ist ein Zeichen gegen das
Virus des neuen Nationalismus, von dem weltweit auch manche Stimmen in der Kirche nicht
frei sind.

Alles kann sich ändern

oder: Warum wir Großes erwarten dürfen

1968 ist im Westen politisch ein Jahr der Revolte; in der katholischen Welt herrscht Frühling. Es ist eine Zeit politischer und kirchlicher Visionen. Es ist auch ein *Kairos* – ein günstiger Moment in der Geschichte, von dem Kirche und Politik herausgefordert sind. Es ist eine Zeit der neuen Wege. Die Revolte verändert die politische Kultur stark und befördert Emanzipationsbewegungen wie die der Frauen, kommt aber auch auf gewalttätige Abwege. Der Frühling in der katholischen Welt, in der Ökumene und in der Christenheit insgesamt ist vor allem vom Zweiten Vatikanischen Konzil ausgelöst. Die Welt gewinnt den Eindruck, dass sich die Christenheit nicht nur allgemein für sie als Missionsobjekt interessiert, sondern dass die Weltkirche ihr tatsächlich etwas abgewinnen kann für ihr Selbstverständnis und auch für den Glauben.

Die Geschichte der Rezeption des Konzils hält an, und natürlich gibt es unterschiedliche Deutungen. Manche sehen darin den Anfang vom Ende. International werden vielfältige Schlussfolgerungen gezogen. So kommen Synoden in Lateinamerika zu gänzlich anderen Prioritäten als vergleichbare Beratungen in Deutschland und Europa. Wenn man bedenkt, wie noch das Erste Vatikanische Konzil bestrebt war, die Kirche zu einem eigenen Kosmos zu stilisieren, dem die Deutungsmacht über das Leben der Menschen und den Lauf der Welt zusteht, dann waren die Ergebnisse des Zweiten Vatikanums beachtlich. Heute wissen wir, dass das Konzil mit dem, was als »Zeichen der Zeit« erkannt wurde, seiner Zeit bereits hinterherhinkte. Wir erinnern uns an Situationen, in denen die Realisierung von Ergebnissen blockiert wurde oder ganz einfach in Vergessenheit geriet. Papst Franziskus bringt die Halbherzigkeit im Umgang zum Ausdruck, wenn er sagt: »... wir errichten (dem Konzil) ein Denkmal, aber stören soll es uns nicht.

Wir wollen nichts verändern. Mehr noch: Es gibt Stimmen, die gar nicht vorwärts wollen, sondern zurück.«[6]

Diese Stimmen nehmen zu. Sie erklären aus Angst vor der Veränderung immer mehr Themen für sakrosankt oder zur »inneren Angelegenheit«. In der internationalen Politik ist das als Stoppschild gemeint. In kirchlichen Kreisen wird an der Stelle in der Regel davon gesprochen, dass die Kirche über diese und jene Angelegenheit gar nicht verfügen könne, weil sie vom Stifter dazu nicht bevollmächtigt sei (»Machtausübung im Gestus der Ohnmacht« hat die Journalistin Christiane Florin das einmal genannt).

Der Frühling nach dem Zweiten Vatikanischen Konzil hat aber auch Früchte gebracht, die zunehmend bedeutsam sind. Dazu gehört die Gründung der Laiengemeinschaft Sant'Egidio in Rom in dem besonderen Jahr 1968. Der Gründer, Andrea Riccardi, studiert damals Geschichte und fährt mit Kommilitonen auf Vespas an die Ränder der Stadt. Sie erleben Armut und Exklusion und wechseln die Perspektive. Sie bleiben nicht in Analyse und akademischer Theorie stecken; sie beginnen mit dem, was über die ersten Christen geschrieben wird: Sie kommen zum Gebet zusammen und kennen ihre Armen. Die Gemeinschaft entwickelt sich zu einer politischen und kirchlichen Avantgarde; längst ist sie international tätig, das Ende des Bürgerkriegs in Mosambik wird ihrer Vermittlung zugeschrieben. Fromm zu sein und politisch zu sein, das gehört für die Mitglieder dieser Gemeinschaft zusammen. Ihre Geschichte ist ein starker Impuls für eine neue politische Theologie, die die Bedeutung der Peripherie für das Selbstverständnis des Christentums behandelt. Sant'Egidio ist davon überzeugt, dass Christen gründlich hinhören sollten, um zu verstehen, was die Welt für den Glauben zu sagen hat; Christen sollen tief in die Wirklichkeiten unserer Zeit eindringen. Riccardi sagt es so: »Über die Komplexität des Lebens und der Geschichte gelangt man – so hoffe ich – zu einer Einfachheit des Glaubens.«[7]

Ein anderes Beispiel für die aufmerksame Wahrnehmung dessen, was die Welt über den Einsatz und den Glauben von Christen zu sagen hat, ist die friedliche Revolution, die vor 30 Jahren zur Wiedervereinigung Deutschlands und Europas geführt hat. Aus Montagsgebeten entstanden machtvolle Demonstrationen. In den Ländern Mittel- und Osteuropas wirkte der polnische Papst mit seiner Unterstützung für die Gewerkschaft *Solidarność* ermutigend und stärkend auf viele Christen, die sich für die Freiheit eingesetzt haben und deren Zivilcourage zum Fall der Mauer beigetragen hat. Michael Gorbatschow hat im Rückblick auf diesen Umbruch in Europa gesagt: »Alles, was in diesen Jahren in Osteuropa geschehen ist, wäre ohne die Gegenwart dieses Papstes, ohne seine wichtige Rolle, die er auch politisch auf der Weltbühne zu spielen wusste, nicht möglich gewesen.«[8] Was damals geschehen ist, gehört zu den großen zivilisatorischen Leistungen in der europäischen Geschichte. Es waren nicht wenige, die diese Veränderung für unmöglich gehalten hatten.

Andrea Riccardi, dessen Buch einer Bilanz nach 50 Jahren Sant'Egidio den Titel »Alles kann sich ändern« trägt, spricht heute vom Christentum als »eine Perspektive, keine Retrospektive«.[9]

Vieles liege noch vor uns, vielleicht ja auch zukünftige christliche Gemeinden in Europa, die
sich aus der so wichtigen Verbindung von Solidarität und Spiritualität heraus verstehen.

Auf den Punkt gebracht:
Es geht mehr, als wir denken. Es ereignet sich,
womit niemand rechnet. Christen können dazu
beitragen. Der Glaube kann »Berge versetzen«,
wenn es gelingt, geistesgegenwärtig zu sein.
Nichts weniger als das darf die Erwartung an die
Zukunft sein. Wir stehen immer noch am Anfang
des Christentums – 2000 Jahre nach den An-
fängen in Galiläa, einer Peripherie.

Subsidiarität:
die Zukunft kleiner Einheiten

oder: Was sie lehrt, gilt auch für die Lehrerin

Die katholische Soziallehre ist eine Lehrmeisterin der Politik. Das war besonders deutlich, als die Bundesrepublik Deutschland gegründet wurde. Den Müttern und Vätern des Grundgesetzes war es ein zentrales Anliegen, in die Verfassung des jungen Gemeinwesens geistige Kräfte und Ideen aufzunehmen, die dem Totalitären keine neue Chance geben würden. Der staatlichen Macht sollten Grenzen gesetzt werden. Das war die Geburtsstunde des Föderalismus und solcher Prinzipien für den Aufbau der Gesellschaft, die der Freiheit Raum geben und Verantwortung stärken. Das Subsidiaritätsprinzip wurde zu einem Motor gesellschaftlicher, sozialer und kultureller Entwicklung. Es verankerte die Partizipation freier Träger im öffentlichen Bewusstsein;

es wurde konstitutiv für die Beziehung des Staates zu den freien Trägern; es ermöglichte Pluralität bei den gestaltenden Kräften der Gesellschaft. Das Prinzip der Subsidiarität kann heute mehr denn je als ein Schlüssel für die Ordnung moderner und vielfältiger Gesellschaften bezeichnet werden. Es stärkt deren Resilienz. Es macht auch heute Gemeinwesen weniger anfällig für Versuche der Vereinnahmung durch Ideologien und Zynismen.

Dieser Schlüssel zur Resilienz ist auch für die Kirchen wünschenswert. Das erfordert eine gänzlich andere Debatte als die, die wir in Deutschland und anderswo gerade erleben. Subsidiarität bedeutet heute zum Beispiel die Wiederentdeckung der Hauskirche als kleine Einheit und zugleich eine Art Nukleus christlichen Lebens in der Moderne. Das kann verbunden werden mit einer Betrachtung dessen, was nun wirklich am Anfang war. Wer manche Debatte über die Zukunft beobachtet, gewinnt den Eindruck, dass zentrale Entscheidungen zu Ordnung und Disziplin in der katholischen Kirche seit den ersten Tagen des Christentums gelten. Am Anfang stand aber ein eher konzentrierter missionarischer Aufbruch, der nicht auf einem ausgefeilten Regelwerk, sondern auf der Überzeugungskraft der ersten Christen basierte. Autorität war begründet in dem Vertrauen, welches sie durch ihr Handeln gewonnen haben. Die einzige nachhaltige Quelle für Autorität ist letztlich genau dieses Vertrauen. Das ist in der Politik nicht anders. Ein Amt, auch das Weiheamt, kann verstärkend wirken, mehr nicht.

Die aktuelle Erfahrung zeigt, wie rasch Vertrauen komplett wegbricht, wenn das Amt in seinem Handeln versagt. Wenn wir an spätere Zeiten und an das Modell der Staatskirche denken, dann hat das Christentum vor allem mit geliehener Autorität existiert. Die kurze Zeit der Volkskirche in der zweiten Hälfte des 20. Jahrhunderts verdankt sich besonders tiefsitzender Kontingenzerfahrungen. Diese Zeit geht nun zu Ende. Mit ihr verlieren auch die Konzepte aus dieser Zeit ihre Kraft. Es kommt nun wieder – wie am Anfang – auf jeden einzelnen Menschen an. Das ist vielen in der Kirche fremd. Es sind die gleichen, denen auch das Subsidiaritätsprinzip fremd ist, die es außerhalb der Kirche schätzen, im *Forum internum* aber ablehnen.

Deshalb sei in Erinnerung gerufen, dass das im Jahr 1931 von Papst Pius XI. in seiner Enzyklika »Quadragesimo anno« (QA) verkündete Subsidiaritätsprinzip für Gesellschaft und Kirche gleichermaßen gilt. Weil es von Beginn an umstritten war, formulierte Papst Pius XII. 1946 in einer Ansprache an das Kardinalskollegium Kerngedanken zur Subsidiarität aus QA und fügte hinzu: »Wahrhaft lichtvolle Worte! Sie gelten für alle Stufen des gesellschaftlichen Lebens. Sie gelten auch für das Leben der Kirche, unbeschadet ihrer hierarchischen Struktur.«[10] Es war damals nicht anders als heute: Manche Sätze von Päpsten werden wohlweislich ignoriert.

In einem bemerkenswerten Text aus dem Jahr 1986 beschreibt Oswald von Nell-Breuning die Geschichte der innerkirchlichen Debatte um die Geltung des Prinzips der Subsidiarität in der Kirche bis zur außerordentlichen Bischofssynode von 1985.[11] Es ist die Geschichte eines unausgesetzten Ringens. Nell-Breuning stellt gleich zu Beginn seiner Ausführungen fest, dass die Baugesetze der Gesellschaft sich auf das Selbstverständnis und die Ordnung der Kirche als Institution beziehen, nicht auf den sakramentalen Charakter. Auch in den aktuellen Debatten erwartet niemand, dass über die Inhalte des Glaubens befunden wird nach dem Motto: »kleine Einheit vor großer Einheit«. Interessant bleibt allerdings, wann was zur Glaubensfrage erklärt wurde, das zuvor eher eine Frage der Ordnung gewesen war, etwa das Thema Frau und Amt. Schließlich braucht es eine präzise Unterscheidung von Macht- und Sachfragen. Das Abschlussdokument der Amazonas-Synode (2019) spricht von »pastoraler Umkehr« (Kap. 2), von »synodaler Umkehr« (Kap. 5) und von »pastoraler Umkehr auf der Grundlage von Synodalität« (Nr. 18). Synodalität lässt sich verstehen als Name für einen Selbstvollzug der Kirche, der sich am Prinzip der Subsidiarität orientiert. Das ist ein ebenso anspruchsvoller wie notwendiger Weg. Wie wir vom Menschen sprechen, das muss auch die Institution sichtbar werden lassen. Mündigkeit und Gestaltungskraft von Menschen ist für heutige Gesellschaften so wichtig wie für die Kirche.

Die katholische Soziallehre wäre auch eine gute Lehrmeisterin für die Kirche selbst. Statt sich immer mehr von den Gläubigen und Suchenden zu entfernen, ist es Zeit, den Wert der kleinen Einheit zu entdecken und so eine neue Präsenz und Geistesgegenwart zu zeigen.

Begegnungen Jesu

oder: Mit und von konkreten Menschen lernen

Die Begegnungen Jesu mit Menschen – wie sie in den Evangelien überliefert sind – waren damals und sind heute eine Provokation für die Wächter über Einflusssphären und Regelwerke. Diese Begegnungen entwickeln eine unerwartete Dynamik und werden häufig mit ebenso überraschenden Botschaften verbunden. Sie lassen eine andere Logik des Lebens erkennen als die bislang vertraute. Jesus provoziert, er deckt Verlogenheit auf und durchbricht Verengungsgeschichten; er öffnet bislang unentdeckte Räume und Perspektiven; er spricht gar vom Leben in Fülle.

In diesen Begegnungen wird ein neuer Geist spürbar, der dem Leben gegenüber eine Wertschätzung und eine Präsenz zeigt, die eine Priorität gegenüber den althergebrachten Regeln beanspruchen – ohne mit ihnen zu brechen. Jesus will keinen Bruch mit dem Bisherigen. Er überzeugt die, die ihm folgen, durch einen anderen Zugang zu den bestehenden Ordnungen.

Aus Gewohnheiten sollen Überzeugungen werden. Die selbstkritische Frage wird wichtig: Von welchem Geist sind unsere Ordnung und unser Handeln geprägt? Genau daran scheiden sich dann auch die Geister. Die einen folgen Jesus nach und erkennen in ihm und in den Begegnungen mit ihm eine neue Lebensperspektive; die anderen fürchten um ihren Einfluss und wollen sein Ende.

Schon der Beginn seines öffentlichen Wirkens in Nazaret ist ernüchternd. Er geht in den Tempel, liest in der Heiligen Schrift und legt sie aus. Anfänglich bekommt er Beifall; dann aber werden die, die ihm zuhören, skeptisch. Es kann nicht »einer von uns« so reden, wie er es tut – von Freiheit und Veränderung, von einer Lebendigkeit, die vor Verengungsgeschichten bewahrt –, und der dazu ermutigt, sich auf Neues einzulassen. Der Überlieferung nach erlebt Jesus bereits am Anfang seines Wirkens, was sich am Ende ereignet: Die Hüter der Ordnung, die genau beobachten, wie geistesgegenwärtig er ist und wie sein Einfluss zunimmt, lehnen ihn ab. Sie bringen ihn auf eine besonders abschreckende Weise um – durch den Tod am Kreuz.

Wenn wir heute fragen, welche Texte besonders geeignet sind, um von dem neuen Zugang zur Wirklichkeit des Menschen zu erfahren, der für das Leben des Jesus von Nazaret so prägend war, dann sehen wir: Es sind die Berichte über die Begegnungen Jesu mit Menschen, vor allem mit dem reichen jungen Mann (Mk 10,17–27), mit der Samariterin am Jakobsbrunnen (Joh 4,6–30), mit den Fischern am See (Lk 5,1–16), mit der Ehebrecherin (Joh 7,53 – 8,11), mit dem Zöllner Zachäus (Lk 19,1–10).

Jesus spricht mit der Samariterin, obgleich Juden und Samariter wegen ihrer Glaubensdifferenzen nicht miteinander sprechen. Er weist sie auf eine Quelle immerwährenden Lebens hin. Die Ehebrecherin bewahrt er vor der Steinigung, indem er den Repräsentanten einer unmenschlichen Ordnung die Legitimation entzieht; beim ausgegrenzten Zöllner Zachäus kehrt er ein und bringt ihn zur Umkehr; die deprimierten Fischer ermutigt er, erneut hinauszufahren und es noch einmal anders zu versuchen; und der reiche Mann muss sich nach seiner Begegnung mit Jesus damit beschäftigen, woran er sich wirklich gebunden fühlt. Alles ist anders als sonst. Niemand wird einfach in seinen bisherigen Annahmen bestätigt. Immer geht es um mehr und um eine andere Perspektive auf das Leben.

So jedenfalls ist jenen, die die Evangelien geschrieben haben, aus Erinnerungen berichtet worden. Es muss verstörend gewesen sein und doch auch so, dass sich daraus für Menschen neue Möglichkeiten für ihr Leben eröffnet haben. Das ist in Zeiten umfassender Transformationsprozesse ein Schlüssel für das Wirken des Christentums: Veränderungen von Lebensperspektiven in den Blick zu nehmen und daraus besser zu verstehen, warum manche kirchliche Lehre und Praxis heute ins Leere läuft.

Auf den Punkt gebracht:
Geistesgegenwärtige Beziehungen zur Lebenswirklichkeit der Menschen, zu ihren Erfahrungen, Leiden und Hoffnungen helfen, das Christentum neu zu verstehen.

Die Theologie:
ein kulturelles Laboratorium

oder: Von der Notwendigkeit
wissenschaftlichen Austauschs

Die Zeitenwende wird auch vor der Theologie
nicht haltmachen. Die christliche Theologie gehört zur Tradition der europäischen Universität.
Sie etablierte sich dort zur Ausbildung kirchlicher Berufe und ebenso als Teil eines umfassenden Bildungskonzeptes. Letzteres spielt in den
Vereinbarungen zwischen dem Staat und den
Kirchen zur Errichtung theologischer Fakultäten
eine nachgeordnete Rolle gegenüber den Erfor-
dernissen der akademischen Ausbildung kirchlicher Berufe. Doch das könnte sich schon bald
ändern. Die Zahl derer, die Theologie studieren,
um in den Kirchen zu arbeiten, ist seit Jahren
rückläufig. Die größte Gruppe der Studierenden
in der Theologie sind heute – dank des Religi-

onsunterrichts an öffentlichen Schulen – angehende Lehrerinnen und Lehrer. Auch das wird sich in absehbarer Zeit ändern, weil es weniger getaufte Kinder gibt und entsprechend Alternativen zum konfessionellen Religionsunterricht gesucht werden. Es könnten sich neben – oder auch anstelle von – bekannten Angeboten wie Ethik und Lebenskunde neue Wege auftun, die der Philosophie einen festen Platz in den Schulen geben, beginnend mit den Grundschulen. Dann liegt auch nahe, ausgewählte religionsphilosophische Themen und damit verbundene klassische Fragestellungen in den Kanon der Schulen aufzunehmen. Jedenfalls scheint das fundierter und attraktiver zu sein als die Reduzierung der Inhalte des früheren Religionsunterrichts auf Ethik.

Die Entwicklung hin zu einer religiös pluralen Gesellschaft einerseits und religiöser Ungebundenheit andererseits provoziert neue Wege in den Schulen. Sie betreffen den christlichen Religionsunterricht, für den eine Zusammenarbeit der Konfessionen in Zukunft zwingend ist. Religionsunterricht für jüdische und muslimische

Kinder und Jugendliche in öffentlichen Schulen gewinnt an Bedeutung.

In Zukunft wird für eine stark wachsende Zahl von Schülerinnen und Schülern eine Alternative, am besten Philosophie, zum Curriculum der öffentlichen Schule gehören. Für den größeren Teil der Schülerschaft in den Großstädten wird das schon bald im Bildungsplan stehen.

Was bedeutet diese Entwicklung für die Theologie an den Universitäten? Sie kann ihr Potenzial im Dialog mit anderen Fakultäten entdecken; sie wird ihre Rolle in der Begleitung, Beratung und Reflexion globaler Prozesse der Transformation definieren können; sie kann aus den Erfahrungen eines breiten Spektrums an Fächern in einer theologischen Fakultät schöpfen, wenn es um die Entwicklung von Forschungsfragen einer interaktiven Theologie geht. Kühn gesagt: Jenseits kirchlicher Berufe wächst der Bedarf an theologischem Wissen und Denken. Das heißt dann auch: Es ist zu kurz gesprungen, wenn – angesichts eines rückläufigen Interesses an kirchlichen Berufen wie am Religionsunterricht in öffentlichen Schulen – vor allem Pläne für die

Schließung von Fakultäten gemacht werden. Es braucht neben den klassischen Fakultäten gut ausgestattete Theologische Zentren, mit denen Schwerpunkte verbunden werden, die die Theologie zu einer attraktiven Gesprächspartnerin für alle Fakultäten und zu einem inspirierenden Angebot im allgemeinen Bildungskonzept der Universität werden lässt. So kann Theologie auch über die Universität hinaus hineinwirken in eine Gesellschaft, in der viele Menschen religiös heimatlos sind, gleichwohl suchend und fragend bleiben; in eine Gesellschaft, in der Institutionen um neue Wege jenseits von Technokratie und nicht mehr tragfähigen Strategien ringen; in eine Gesellschaft, in der Ungewissheit wieder stärker den Alltag bestimmt, als uns lieb ist.

Papst Franziskus kann sich die Theologie als »kulturelles Laboratorium«[12] vorstellen. So ist es in seiner Apostolischen Konstitution über die kirchlichen Universitäten und Fakultäten mit dem Titel »Veritatis gaudium« (»Die Freude der Wahrheit«) formuliert. Er hat zu akademischer Bildung und wissenschaftlicher Forschung generell die Vorstellung, sie sollten zu einer »mutigen kulturellen Revolution« beitragen. Die intellektuelle Rolle, die dabei der Theologie zukommt, geht nicht nur über den kirchlichen Kontext hinaus. Der Papst erinnert sie und letztlich auch die Universität an ihre Möglichkeiten und auch an ihre Verantwortung in modernen Gesellschaften. Wer, wenn nicht die Wissenschaft, hat zu den globalen Debatten über epochal bedeutsame Themen Erkenntnisse und Erfahrungen einzubringen, die für die zivilgesellschaftlichen Gruppen wie für die Politik grundlegend sind? Die Zeit der Pandemie hat zu einer öffentlichen Präsenz der Wissenschaft geführt, die das deutlich werden lässt. Das ist auch bei anderen Themen wünschenswert.

Theologie im Haus der Wissenschaft ist nicht nur eine Angelegenheit der Kirchen. Es geht um einen Erfahrungsschatz und ein Erkenntnisspektrum, das im globalen Dialog über Zukunftsfragen wertvoll ist. Es geht auch um einen Beitrag der Theologie zu einem überzeugenden Konzept akademischer Bildung. Zunehmen sollte die Zahl der Universitäten, an denen Studien zum Judentum, zum Christentum und zum Islam existieren.

Der Anfang ist gemacht, weitere Standorte sind wünschenswert. An diesen Standorten besteht die Chance, ein bloßes Nebeneinander dadurch zu überwinden, dass gemeinsame Forschungsfragen erarbeitet werden und eine tatsächlich interaktive Theologie entsteht. Das ist ein Schlüssel zu tragfähigen Beziehungen der Kirchen und Religionsgemeinschaften – auch für deren Dienst für Frieden und Versöhnung, für humane Entwicklung und die Lösung epochaler Probleme.

Auf den Punkt gebracht:
Für die Theologie als »kulturelles Laboratorium« besteht ein hoher Bedarf. Deren Zukunft im Haus der Wissenschaft verlangt neue Konzepte, die nicht auf die lange Bank geschoben werden dürfen. Jetzt ist die Zeit dafür. Es könnte deutlich werden, dass die Kirchen und Religionsgemeinschaften verstanden haben, dass es nicht vor allem um sie, sondern um ihren Dienst an einer fragilen Welt geht und darum, religiöse Heimatlosigkeit zu erkennen.

Zukünftiges gestalten
statt Vergangenes konservieren

*oder: Warum uns die Fragen
nicht ausgehen dürfen*

Wie wir es mit der Zukunft halten, das ist so wichtig wie unser Umgang mit der Vergangenheit. Wie wir die Gegenwart deuten, das ist so aufschlussreich wie die Deutung der Geschichte. Das beschäftigt mich seit Studientagen, die in die Zeit bald nach dem Zweiten Vatikanischen Konzil fielen. Das waren Jahre des Aufbruchs und einer großen Zuversicht, als Christen und als Kirche »die Zeichen der Zeit« zu erkennen und darauf angemessene Antworten geben zu können. Davon war an anderer Stelle bereits die Rede.

Papst Johannes XXIII., der das Konzil eröffnete, erwartete von den Bischöfen der Welt, die Zeichen der Zeit verstehen zu lernen. Papst Paul VI., der das Konzil beendete, flog in den letzten Wochen des Konzils nach New York und hielt vor der UN-Vollversammlung eine vielbeachtete Rede, mit der sich die katholische Kirche gleichsam auf der Bühne der Welt zurückmeldete.

Das Zweite Vatikanum war zweifelsohne ein großes kirchenpolitisches Ereignis. Von der damaligen Aufbruchstimmung sind wir allerdings heute weit entfernt. Das betrifft nicht nur, wie oft behauptet wird, Deutschland und Europa. Ein Blick in die USA reicht, um eine tiefe Kluft und einen erbitterten Streit innerhalb der dortigen Bischofskonferenz zu erkennen. Die Dynamik in manchem asiatischen Land betrifft das Christentum allgemein, weniger die katholische Kirche. Schließlich zeigt der Blick in Länder Mittel- und Südamerikas ein Wachstum des Christentums vor allem bei evangelikalen Gruppen und seine Instrumentalisierung für eine nationalistische und antidemokratische Politik. Die Erneuerung der Weltkirche, die im Konzil angelegt war, ist schon lange ins Stocken geraten. Es herrscht erbitterter Streit darüber.

Nun sind wir im 21. Jahrhundert und stellen fest, dass immer mehr Menschen, die dem Christentum und auch der Weltkirche gegenüber wohlwollend eingestellt sind, unsere Sprache, die Themen und die Konflikte innerhalb der Kirchen nicht mehr verstehen. Das betrifft die verfassten Kirchen – evangelisch und katholisch – gleichermaßen. Das ist kein Phänomen von Randständigen. Kopfschütteln und Unverständnis sind in der Mitte der Kirchengemeinden angekommen.

Wie konnte es dazu kommen? Neben den Ursachen, die in den letzten Jahren hinlänglich beschrieben wurden, ist es vor allem der resignative Blick in die Zukunft, der mit kirchlichen Debatten verbunden ist. Die Kirchen vermögen mit den Umwälzungen, in denen die Welt und auch sie selbst stecken, nichts anzufangen. Die einen träumen vom Heiligen Rest, andere von Strategien einer Optimierung sich selbst verzwergender NGOs. Der Blick ist bei den einen wie bei den anderen rückwärtsgewandt. Zukünftiges ist für sie ohne jede Verheißung. In der Zukunft aber – so hat es Karl Rahner immer wieder betont – liegt die eigentliche Provokation. Rahner hat schon vor 50 Jahren davon gesprochen, dass die Vitalität und die missionarische Kraft der Kirche schwindet, wenn sie das Neue und Zukünftige fürchtet.[13]

Diese Zeitenwende öffnet uns hoffentlich die Augen dafür, dass uns Zukünftiges mehr beschäftigen muss als die Vergangenheit. Dann bleibt es nicht bei den »Zeichen der Zeit« von heute; dann ist Geistesgegenwart gefragt, die das Unvorhergesehene wahrnimmt – vielleicht sogar früher als andere; eine christliche Geistesgegenwart, die öffentliche Räume gestaltet und kulturschaffend wirkt; eine Geistesgegenwart, die die vielen Formen und Erfahrungen von religiöser Heimatlosigkeit zu erkennen und zu verstehen lernt.

Dann kann eine neue Präsenz entstehen, zu der es kein Amt braucht. Dazu sind eine geeignete Sprache und der Blick auf die Schätze notwendig, die uns umgeben und förmlich danach schreien, von uns als Brücken zur Botschaft der Christenheit entdeckt zu werden. Stille, Schweigen und ein Auge für die Schönheit gehören dazu. Die eindringlichen Verse der Psalmen sind neu zu entdecken – und immer wieder die Geschichten, die von den Begegnungen Jesu mit

Menschen erzählen. In ihnen steckt so viel Botschaft, die für Menschen heute ermutigend sein kann. Sie helfen uns, jene Fragen wiederzufinden, die wir stellen sollten. Unsere Zeit ist ja nicht arm an Antworten. Die Armut unserer Zeit betrifft eher die Erfahrung, dass uns die Fragen ausgegangen sind. Vielfach suchen wir nicht einmal mehr nach ihnen. Wir verwalten Antworten, die nicht mehr überzeugen. Das ist übrigens kein spezifisch kirchliches Problem. Das teilen die Kirchen mit anderen Institutionen, die sich über ihren Autoritätsverlust wundern.

Auf den Punkt gebracht:
Jetzt ist für die Christen die Zeit, Zukünftiges, aber auch Zukunftshemmendes eher zu erkennen als andere. Das betrifft die an anderer Stelle bereits angesprochenen Paradigmen, die nicht tragfähig sind. Es betrifft genauso die Scheu und Angst vor der Zukunft, die in nahezu allen kirchlichen Äußerungen und Plänen zum Ausdruck kommt. Nochmals mit Rahner gesagt: In der Zukunft liegt die Provokation, der Christen sich zu stellen haben.

Glaube und Geistesgegenwart

oder: Die Ränder gehören zur Mitte

Ein beliebtes Narrativ klingt so: Der Glaube schwindet und verschwindet. Das führt zur Krise der Kirche, Mitglieder gehen, neue Priester und Ordensleute bleiben aus. Schließlich wird uns das Geld ausgehen. Wir antworten darauf mit Neuevangelisierung und einer strukturellen Reform des Bistums. In Zukunft gibt es so viele Einheiten, wie wir Priester haben werden. Laien bilden wir fort, damit sie uns bei der Etablierung der neuen Strukturen helfen. In Rom bekommen wir Rückenwind dafür, dass es um *Mithilfe* der Laien – und nur darum – gehen kann. Wer mehr will, mit dem gehen wir in einen Dialog. Da wird dann schon deutlich werden, was geht und was nicht. Rhetorisch sind wir offen für alles und sagen deshalb auch guten Gewissens, was wir uns alles vorstellen können, wohl wissend, dass es nicht kommt. Dafür wird Rom schon sorgen (und jene, die davon sprechen, dass wir katholischer werden müssen). – Das ist ein rein technokratisches Narrativ, das sich wohl kaum eine seriöse Beratungsagentur je ausdenken könnte. Es fehlt jeder spirituelle Impuls; es gibt keine Vision und es schaut nach Insolvenzverwaltung aus. Die Botschaft ist: Wir müssen die Lage gesichtswahrend verwalten. Wir müssen so tun, als könnten und würden wir etwas tun.

Fairerweise nenne ich auch das andere beliebte Narrativ: Die Kirche kümmert sich nicht ernsthaft um ihre Reformagenda. Das beschleunigt den Niedergang, der an den Austrittszahlen deutlich wird, und die schlechte Stimmung und Resignation in kirchlichen Kreisen.

Die genannten Narrative finden sich vor allem in der katholischen Kirche in Europa. In den evangelischen Landeskirchen in Deutschland ist die Crux, dass alle Reformen, die sich viele Katholiken wünschen, bereits Realität sind, die Lage und Stimmung dennoch vergleichbar schlecht. Gestritten wird dort auch, vor allem über Grundsatzpapiere.

Ich bekenne mich ausdrücklich zu Reformen, wozu für mich auch eine Weiterentwicklung der Theologie des Amtes gehört. Das habe ich in früheren Publikationen eingehend beschrieben.[14] Bereits 1991 hat die Kommission für pastorale Grundfragen des Zentralkomitees der deutschen Katholiken, deren Vorsitzende ich damals war, das Plädoyer »Dialog statt Dialogverweigerung« vorgelegt. Ein ernsthafter Umgang damit hätte den Diözesen viel Ärger erspart. Vor allem wäre ihnen erspart geblieben, fast 30 Jahre später die gleichen und vergleichbare Fragen erneut in einem aufwendigen und mehrjährigen Synodalen Weg beraten zu müssen. 30 Jahre danach zum Beispiel darüber zu diskutieren, warum Christen ohne kirchliches Amt (Laien) nicht in einer Eucharistiefeier predigen dürfen, grenzt an einen Realitätsverlust, den ich mir nicht hätte vorstellen können.

In der Zeit der Pandemie verändert sich die Teilnahme an Gottesdiensten und die Teilhabe an jedwedem kirchlich-liturgischen Handeln derart fundamental, dass schon bald deutlich weniger darüber gesprochen werden muss, wer was darf, weil kaum mehr jemand danach fragt, es zu dürfen. Das gilt übrigens auch für die Frage, wer und was in der Kirche gesegnet werden darf. Traktoren, Feuerwehrautos und Haustiere sind unproblematisch, weil den Segen ja niemand mit einem Sakrament verwechseln kann. Wenn beim Segen für Menschen eine Gefahr der Verwechslung mit einem Sakrament besteht, dann eher nicht. In der Generation der unter 30-Jährigen wird bald niemand mehr nach dem Segen fragen – das lässt sich schon heute prognostizieren.

Es kann also sein, dass die Christenheit zu einem umfassenden Zuwachs an religiöser Heimatlosigkeit beiträgt. Das geschieht auch deshalb, weil viel Kraft eingesetzt wird für Debatten innerhalb der Institutionen, die nicht überzeugen und nach Selbstbeschäftigung aussehen. Für die religiös Heimatlosen bleibt da nicht mehr viel Energie und Kreativität übrig.

Tomáš Halík hat mehrfach darauf hingewiesen, dass jetzt die Fähigkeit der Kirchen gefragt ist, mit den Suchenden zu kommunizieren. Er hält Praxis und Lebenserfahrungen für elementar im Umgang mit den Fragen, die der Glaube aufwirft; die Reflexion komme später. Halík rät dem Christentum, »gönnend und großzügig« die Schätze der Tradition zu öffnen. Unter diesen Schätzen seien jene des »praktischen Christentums« zentral bedeutsam.[15] Er schreibt das nicht nur. Er praktiziert es in Prag. Der Hochschullehrer für Soziologie ist katholischer Priester, Universitätsprediger und seit Jahrzehnten als Hochschulseelsorger tätig. Zu seinen Gottesdiensten am Sonntagabend strömen die Menschen. Er begleitet eine wachsende Zahl an Katechumenen auf ihrem Weg zur Taufe. Tschechien gilt als besonders atheistische Region in Europa. Das ist aber nur ein Teil der Realität. Ebenso realistisch ist dort und an vielen Orten Europas die Beobachtung, dass Menschen sich mit den Fragen nach Glauben und Unglauben als Lebenseinstellung beschäftigen. Da liegt der Kern dessen, was nottut. Es ist ein Perspektivenwechsel, der die Christenheit und die Kirchen auf andere Gedanken und Sprachen bringt, Neues sehen und Altes wiederentdecken lässt. Was die Suchenden beschäftigt, gehört in die Mitte der Kommunikation.

Auf die Zeit der Volkskirche kann eine Zeit folgen, die an den Anfang der Christenheit ebenso erinnert wie an manchen Aufbruch in der 2000-jährigen Geschichte des Christentums. Da sind dann vielleicht die Suchenden die Pioniere für die Gestaltung der Zukunft. In seiner neuen Enzyklika »Fratelli tutti« schreibt Papst Franziskus: »Paradoxerweise können diejenigen, die sich für ungläubig halten, den Willen Gottes manchmal besser erfüllen als die Glaubenden.«[16] Für die Kirchen in Europa ist das die vielleicht wichtigste Aufgabe: die Zeit der Trauer über Verluste zu beenden und die Zeitenwende als *Kairos* für ein Christentum zu sehen, das sich wie am Anfang fühlt und davon überzeugt ist, eine Perspektive zu haben.

Ein Wechsel der Perspektive ist erfolgversprechend, weg von den alten Sicherheiten, die verloren sind oder instrumentalisiert wurden für Abwege wie neue Nationalismen in Europa. Dazu gehört, die Peripherien sehen und entziffern zu lernen – die Peripherien des Glaubens ebenso wie die Peripherien unserer modernen Gesellschaften.

Das Christentum kommt von der Peripherie und kann davon auch heute viel lernen, das seiner Überzeugungskraft hilft.[17] An die Peripherie zu gehen, hilft auch dann, wenn sich bemerkbar macht, dass immer mehr Menschen – auch die bekannten Insider – nicht mehr verstehen, worüber und warum so unerbittlich unter Christen gestritten wird. Die einzige Erklärung für manchen Streit sind Machtfragen; je schärfer er geführt wird, desto mehr. Die Peripherie wirkt oft entlarvend – so wie die Pandemie auch.

Den Karsamstag ertragen

oder: Ein neues Morgen für möglich halten

Die Veröffentlichung dieses Buches fiel in etwa mit dem Beginn der österlichen Bußzeit im Kirchenjahr der weltweiten Christenheit zusammen. Das ist eine Zeit der Selbstvergewisserung und Klärung. Ich empfinde sie als die wichtigste Zeit im Jahr. Sie beginnt nach der Fastnacht mit dem Aschermittwoch und seiner Metapher vom Staub, der wir sind und zu dem wir zurückkehren. Das klingt krass und wird alljährlich mit dem Ruf nach Umkehr verbunden.

Wer sich darauf einlässt, kann diesen Tag und die folgenden Wochen als Einübung in den Wechsel von Perspektiven werten. Das ist mit überraschenden Erfahrungen verbunden, auch mit der Wiedergewinnung von Konzentration. Sie ist ein Schlüssel dafür, geistesgegenwärtig zu sein. Die Woche unmittelbar vor

Ostern ist so expressiv wie keine andere Zeit im Kirchenjahr. Die Konfrontation mit dem Leiden und Sterben Jesu bedeutet Tage großer Emotionen. Die Woche beginnt mit der Erinnerung an den Einzug Jesu in Jerusalem – unter dem Jubel der Menschen. Die ihn mit Jubel empfangen, werden ihn wenige Tage später förmlich ans Kreuz schreien. Sie werden zur rasenden Meute. So nah liegen Jubel und Vernichtung nebeneinander. Das ist die Erfahrung Jesu. Eine Erfahrung, die auch Menschen im öffentlichen Leben machen.

Zwischen den Tagen der großen Emotionen und der Erinnerung an den Jubel des Ostermorgens liegt der Karsamstag. Es ist der vielleicht anstrengendste Tag im Kirchenjahr, weil rein gar nichts geschieht. Die Stille des Tages fällt angesichts der grundstürzenden Ereignisse in den Tagen zuvor besonders auf. Kein Gottesdienst, eine kühl wirkende Atmosphäre im Kirchenraum – Gefühle der Verlassenheit. Keine wortreiche Erklärung für das, was geschah; keine äußeren Zeichen wie an den voraufgegangenen Tagen, keine besonderen Texte. Der Tag lehrt uns Schweigen. Nie sonst im Kirchenjahr sind wir so auf uns verwiesen.

Karl Rahner hat den Karsamstag in einer Meditation als ein »Symbol für die Gewöhnlichkeit des Lebens« beschrieben.[18] Dieser Tag erinnere daran, dass das Leben nicht nur aus Höhen und Tiefen bestehe. Er konfrontiere uns mit einer Zeit des Übergangs – von den Schrecken des Karfreitags zum Osterjubel.

Der Karsamstag mahnt zur Geduld. Vieles liegt hinter uns. Wir öffnen uns für Neues. Zeiten des Übergangs sind keine Zeiten der Resignation, eher wohl der vorsichtigen Hoffnung. Noch liegt kein Jubel in der Luft. Wir sind wirklich auf uns selbst verwiesen.

Manche haben in den ersten Wochen der Pandemie – in der Zeit vor Ostern 2020 – davon gesprochen, dass die Stille auf den Straßen und Plätzen wie ein langer Karsamstag wirke. Die Erfahrung an diesem Tag des Übergangs, dass wir uns nicht an Riten und Ritualen, an Schrifttexten oder Liturgien festhalten können, macht ihn zu einem Unikat. Kein Tag ist so wie dieser.

AUF DEN PUNKT GEBRACHT:

Der lange Karsamstag ist eine eindrucksvolle Chiffre für diese Zeit und für die Lage der Christenheit, zumal vor dem Anspruch, geistesgegenwärtig zu sein. Die Haltung und die Konzentration, die es dazu braucht, beginnen vielleicht nicht mit der Wucht von Donnerhall und Getöse. Sie beginnen damit, den Karsamstag auszuhalten.

Anmerkungen

Das Zitat von Karl Rahner auf Seite 7 ist seiner Predigt »Im Namen Jesu« entnommen. Sie erschien erstmals zum Jahresende 1949 in der Innsbrucker Wochenzeitung »Der Volksbote«, danach in mehreren Buchausgaben mit Texten Rahners. Hier zitiert nach: Karl Rahner, Von der Kraft, täglich neu zu beginnen, herausgegeben von Andreas R. Batlogg und Peter Suchla, Matthias Grünewald Verlag, Ostfildern 2020, 45–49, Zitat 46.

1 Walter Kasper, Corona-Virus als Unterbrechung – Abbruch und Aufbruch, in: Walter Kardinal Kasper, George Augustin (Hg.), Christsein und die Corona-Krise. Das Leben bezeugen in einer sterblichen Welt, Ostfildern 2020, 11–28, hier: 20.
2 Vgl. dazu Tomáš Halík, Theater für Engel. Das Leben als religiöses Experiment, Freiburg – Basel – Wien 2019.
3 Thomas Söding, Ein Gott für alle. Der Aufbruch zur Weltmission in der Apostelgeschichte, Freiburg – Basel – Wien 2020, 5.
4 Papst Franziskus, Mit Frieden gewinnt man alles. Im Gespräch mit Dominique Wolton über Politik und Gesellschaft, Freiburg – Basel – Wien 2019, 61.

5 Vgl. dazu Annette Schavan, Ignoranz ist keine Lösung. Ein Lob der vatikanischen China-Politik, in: Herder Korrespondenz 6/2020, 13–15.

6 Papst Franziskus, Meditation bei der Frühmesse in Santa Marta, 16. April 2013.

7 Andrea Riccardi, Alles kann sich ändern. Gespräche mit Massimo Naro, Würzburg 2018, 243.

8 Zitiert nach Joachim Jauer, Urbi et Gorbi. Christen als Wegbereiter der Wende, Freiburg – Basel – Wien 2008, 253.

9 Andrea Riccardi, a. a. O., 245.

10 Pius XII., Ansprache an neu ernannte Kardinäle, 20. Februar 1946, in: Acta Apostolicae Sedis (AAS) 38 (1946), 141–151, Zitat (im Original italienisch) 145.

11 Oswald von Nell-Breuning, Subsidiarität in der Kirche, in: Stimmen der Zeit (1986) 147–157.

12 Die Rede vom »kulturellen Laboratorium« findet sich in Ziffer 3 der Apostolischen Konstitution »Veritatis gaudium«, die im Frühjahr 2017 erschienen ist. Das Schreiben greift damit einen Gedanken aus der Enzyklika »Laudato si'« auf (LS 114). Vgl. dazu auch: Annette Schavan (Hg.), Relevante Theologie. »Veritatis gaudium« – die kulturelle Revolution von Papst Franziskus, Ostfildern 2019.

13 Im Band 14 seiner »Schriften zur Theologie«, der den Titel »In Sorge um die Kirche« trägt, geht Rahner in mehreren Beiträgen auf die Gefahren für die Kirche ein, wenn sie sich der Gegenwart verweigert und die Zukunft fürchtet. Die Rede von der Provokation ist meine

Deutung seiner Aussagen zum Umgang des Christen mit der Zukunft, die immer die Zukunft Gottes ist.

14 Vgl. u. a. Annette Schavan, Gott, der erneuert. Erfahrungen von Hoffnung und Freiheit, Ostfildern 2018.

15 Tomáš Halík, a. a. O.

16 Papst Franziskus, Enzyklika »Fratelli tutti« über die Geschwisterlichkeit und die soziale Freundschaft (2020), Ziffer 74.

17 Vgl. dazu Andrea Riccardi, Die Peripherie. Ort der Krise und des Aufbruchs der Kirche, Würzburg 2017.

18 Karl Rahner, Karsamstag, in: Das große Kirchenjahr. Geistliche Texte, Freiburg – Basel – Wien 1987, 250.

Zur Person

Annette Schavan war 25 Jahre in Politik und Diplomatie tätig, u. a. als Bundesministerin für Bildung und Forschung (2005–2013) und als Botschafterin der Bundesrepublik Deutschland beim Heiligen Stuhl (2014–2018).

Seit 2014 lehrt sie als Gastprofessorin an der Shanghai International Studies University; zuvor war sie als Honorarprofessorin am Seminar für Katholische Theologie der Freien Universität zu Berlin tätig (2008–2014).

Sie hat Ehrendoktorate aus Jerusalem, Kairo, Shanghai, Tokio, Lübeck und Rom, ist publizistisch tätig und eine gefragte Vortragsrednerin.

Sie ist Autorin von »Gott, der erneuert. Erfahrungen von Hoffnung und Freiheit« (Patmos 2018) und Herausgeberin von »Relevante Theologie: ›Veritatis gaudium‹. Die kulturelle Revolution von Papst Franziskus« (Matthias Grünewald 2019).

Annette Schavan

Gott, der erneuert

Erfahrungen von Hoffnung
und Freiheit

160 Seiten,
gebunden mit Leseband
ISBN 978-3-8436-1053-7

Die ersten Christen wurden »Menschen des neuen Weges«
genannt. Dafür sind sie von den einen geachtet und von
den anderen verfolgt worden. Sie überzeugten wohl auch
deshalb, weil sie ihre Armen kannten und ihren Zeitge-
nossen Hoffnung gaben. Hat der Glaube 2000 Jahre später
noch diese erneuernde Kraft?

Annette Schavan, seit Langem in der Schnittmenge von
Glauben und Politik engagiert, bringt Geschichten der Bibel
und Erfahrungen der Gegenwart miteinander ins Gespräch.
Sie zeigt, dass die Gewissheit von Gottes Nähe nach wie
vor verlässlich und kraftvoll ist. Sie erzählt von Menschen
damals und heute, die im Glauben den Mut fanden, sich
selbst zu verändern, anderen mit Offenheit zu begegnen
und ihr Umfeld in Kirche und Gesellschaft mitzugestalten.